AF370844

ESSAI BIOGRAPHIQUE

SUR

MARIE ROUAULT

DIRECTEUR DU MUSÉE GÉOLOGIQUE DE RENNES

PAR

M. JULES KERGOMARD.

1861

MARIE ROUAULT

DIRECTEUR DU MUSÉE GÉOLOGIQUE DE RENNES.

En 1850, M. Isidore Geoffroy-Saint-Hilaire disait à M. le prince de Canino, naturaliste très-apprécié lui-même, en lui présentant monsieur Rouault : « Je l'ai connu perruquier à Rennes ; aujourd'hui, c'est un de nos géologues les plus distingués, et le plus infatigable travailleur du Jardin-des-Plantes ! »

Cette existence est à la fois un roman et un enseignement, et c'est à ce dernier titre que nous croyons utile de la raconter.

Nul, parmi les rustiques habitants de la vallée de la Seiche, à deux lieues de Rennes, ne se souvient probablement aujourd'hui, d'un enfant d'une dizaine d'années qui, vers 1824, remplissait à la ferme du *Rouveray* les humbles fonctions de *pâtour*. Seul, peut-être, le fermier, s'il n'était mort depuis longtemps, se rappellerait les nombreuses contestations que lui a attirées, avec ses voisins, la négligence de ce *failli gars*, qui, au lieu de maintenir ses bêtes dans le respect du bien d'autrui, s'amusait, tout le long du jour, à ramasser des cailloux sur la lande rocheuse, quand il ne préférait pas redire sur ses *pipeaux*, ni plus ni moins qu'un berger de Virgile, les agrestes harmonies du vent dans les bruyères, des eaux sur leurs rives herbues, ou de la reinette au creux des fossés.

Le maître prit quelque temps le mal en patience. L'enfant n'était pas mauvais d'ailleurs, ni exigeant en fait de nourriture et de logement : il mangeait de très-bon appétit son pain de seigle et ses pommes de terre, et dormait avec délices dans le foin de l'étable ou même à la belle étoile. Puis il charmait les veillées en lisant, plus ou moins couramment, dans un petit livre acheté jadis trois sous sur ses économies, l'*Histoire de la belle Hélène*, — une bien belle et bien lamentable histoire, qu'on lui faisait recommencer bien souvent.

Cependant, à une dernière et peut-être plus grave peccadille, la *Belle Hélène* ayant sans doute aussi entièrement perdu son charme de nouveauté, le fermier se fâcha et renvoya à ses parents le pâtour trop distrait. Mais, bon autant que sévère, il donna à son ancien serviteur un boisseau de blé-noir, qui ne fut pas inutile pour adoucir la réception peu enthousiaste que réservait la maison paternelle, trop pauvre pour être bien tendre, à l'enfant plus affamé que *prodigue*.

Marie Rouault, notre ex-pâtour, était en effet l'aîné des cinq enfants survivants d'un pauvre cordonnier de Rennes, lequel en avait eu treize, que la misère avait décimés, comme elle les avait fait naître. Dans la disette de l'année 1823, le père Rouault avait pensé qu'une bouche de moins à nourrir méritait considération, et, malgré les prières des frères ignorantins, très-contents de l'intelligence et de l'ardeur studieuse du petit Marie, il l'avait retiré de l'école pour l'envoyer aux champs.

Or, le boisseau de blé-noir une fois mangé, le retour du petit Marie ne faisait que compliquer le problème de la faim posé en permanence dans la pauvre échoppe de la rue de la

Parcheminerie. L'enfant avait d'ailleurs des goûts assez in-
quiétants pour une famille où le concours actif de chaque
membre était nécessaire. Il préférait la lecture aux soins du
ménage, auxquels sa mère voulait l'associer, et il avait l'extrême coquetterie de cirer quelquefois ses souliers dépareillés,
— choses plus que suffisantes pour le faire appeler *feignant*
d'un côté et *muscadin* de l'autre.

Forcé d'aviser promptement, le père Rouault s'en alla trouver son beau-frère, perruquier dans un des faubourgs. Cette
profession comporte des habitudes d'élégance qui devaient,
pensait-il, séduire le pâtre manqué. Marie entra donc, un soir,
en qualité de garçon de boutique à tout faire, chez son oncle,
lequel, pensant sans doute que l'on a encore moins besoin de
se gêner avec ses parents qu'avec ses amis, s'arrangea de manière à tirer de son neveu le meilleur parti et au meilleur
marché possible.

Celui-ci était heureusement Breton et entêté en conséquence. Tout en apprenant le noble métier de *Figaro*, il ne
perdait pas de vue son désir de s'instruire. Sur les deux liards
par jour qui lui étaient alloués pour ses déjeuners, il trouvait
moyen d'économiser deux sous et demi par semaine, qu'il
consacrait à des achats de crayons et de papier, employés à
reproduire, d'une façon plus ou moins naïve, les hommes et
les choses qui frappaient ses regards. Un ancien officier, ha-
bitué de la boutique, fit remarquer ses dispositions au patron;
mais celui-ci, loin de rêver dans sa famille l'éclosion d'un
Rembrandt ou d'un Raphaël, déchirait sans pitié les pauvres
chefs-d'œuvres de son neveu et s'écriait d'un ton capable :
« Qu'il fasse des perruques! »

Soit qu'il pressentît déjà la décadence de cette industrie,
soit que sa vocation l'appelât décidément à d'autres destinées,
le petit Rouault achetait d'autres instruments et recommen-
çait de plus belle. Quelques services rendus aux ménagères

du quartier augmentèrent bientôt ses ressources. Il ourlait des draps et des mouchoirs, et allait chercher du sable pour les jardins, ce qui lui permettait d'enrichir sa bibliothèque de quelques volumes du genre des *Contes de Perrault*, des *Nouvelles de Florian* et des *Idylles de Gessner*. Puis, en même temps que ces livres achevaient de lui apprendre à lire, Marie s'essayait seul à l'écriture, en copiant les premiers chiffons qui lui tombaient sous la main, partie beaucoup plus négligée de son instruction.

Il atteignit ainsi sa dix-septième année, et son oncle-patron, un peu sans doute pour se débarrasser d'un élève aussi récalcitrant à ses sages doctrines d'indifférence littéraire, décida qu'il devait faire son tour de France.

Voilà donc, un beau jour, Marie Rouault lancé sur la route de Nantes, portant son bagage dans une chemise nouée par les manches, mais en somme très-heureux de marcher pour la première fois sous le soleil du bon Dieu, sans crainte d'être réveillé de ses rêves d'indépendance par les remontrances, très-raisonnables peut-être, mais certes fort peu aimables de son ancien tyran.

A quelques lieues de Nantes, il découvrit au bord de la route des gisements de gneiss à paillettes brillantes de mica ; aussitôt il sentit revenir l'instinct de collectionneur qui lui faisait jadis, dans les landes de Noyal, classer par couleurs les cailloux de la vallée. Il emplit donc ses poches et son sac de pierres, et ce ne fut qu'en se remettant en route qu'il s'aperçut qu'à côté de ses charmes cette récolte avait, vu son poids, quelques inconvénients. Il rencontra fort heureusement un voyageur qui, en voyant ce pauvre garçon harassé de fa-fatigue, lui offrit charitablement une place dans sa voiture.

De Nantes, le jeune homme alla à Angers, et ce fut là qu'un incident vint éveiller une vocation dont il fut pourtant longtemps encore à se bien rendre compte. En regardant démolir le bastion de la *Basse-Chaîne*, Rouault trouva dans une pierre que le marteau venait de briser une coquille fossile, dont la présence en ce lieu lui causa un étonnement tout naturel en tout autre, mais qui, pour cet esprit, à son insu encore, mais très-puissamment poussé vers les études géologiques, devait être fécond en conséquences. Il emporta la coquille (une très-belle gryphée, qui fait aujourd'hui partie de la collection particulière de M. Rouault), et cette première trouvaille l'attirant de plus en plus dans la vraie voie, il se mit dès lors à explorer les carrières d'ardoises en compagnie d'un camarade doué des mêmes goûts, mais qu'une vocation moins réelle sans doute, ou un penchant trop réel pour le cabaret, a fait rester en chemin.

Gagnant à cette époque 12 fr. par mois comme perruquier, Rouault pouvait, dans ses loisirs plus nombreux, multiplier ses recherches. Aussi, au bout d'un an d'absence, il revenait à Rennes avec une caisse de cailloux dont il était plus fier que de ses progrès, incontestables pourtant, dans le maniement du peigne et du rasoir.

Mais là se renouvela la lutte entre les besoins du corps et les instincts non moins impérieux de l'esprit. Entré d'abord comme premier garçon chez le plus élégant coiffeur de la capitale bretonne, Rouault ne tarda pas à quitter cette brillante position pour en prendre une autre plus modeste et moins lucrative, mais qui lui permettait de se livrer plus assidûment à ses chères études. Il eut alors le bonheur de rencontrer un patron qui, sans être très-lettré lui-même, aimait à encourager chez les jeunes gens le désir de s'instruire. M. Lambinet, tambour-major de la garde nationale, permit à son jeune subordonné de suivre les cours gratuits, ce dont, comme on peut le penser, le futur savant n'eut garde de se priver.

Il se lança donc à corps perdu dans ces séduisantes avenues de la science qui lui avaient été si longtemps interdites.

Géométrie, architecture, botanique, il s'inquiète de tout, et, au sortir des cours municipaux, il se faufile même parfois dans l'amphithéâtre de dissection de l'École de Médecine.

Tant d'ardeur éveilla bientôt l'attention des professeurs. Un jour, une erreur de M. Lepord, chargé du cours de géométrie, attira Rouault au tableau. Or, celui-ci, ayant acheté un Bezout d'occasion, avait l'habitude de préparer toujours la leçon à l'avance, et il répondit de manière à exciter la bienveillance du maître, lequel se demandant ce qui, dans les mathémathiques, pouvait séduire à ce point un perruquier, engagea Rouault à l'aller voir chez lui. Le jeune homme ne se fit pas prier, et intéressa tellement le professeur par le récit de son histoire, qu'une proposition d'entrer dans les ponts-et-chaussées ne tarda pas à lui être faite par son officieux protecteur.

Rouault refusa. Pourquoi? Pour s'établir perruquier à son compte! Et son ambition scientifique? Attendez.

La mort de sa grand'mère venait de laisser à sa disposition une humble boutique, située sur les murs du Champ-Dolent. Rouault en prit possession, et le voilà faisant des barbes plus que jamais; mais plus que jamais aussi, le voilà poursuivant avec ardeur ses études et joignant la pratique à la théorie. Chaque fois que l'un de ses professeurs avait besoin d'une fleur, d'un insecte, d'un caillou, d'une coquille, Rouault se mettait en campagne et ne tardait pas à rapporter l'objet désiré; mais, prenant chaque échantillon en double le plus souvent, il gardait pour lui un exemplaire, si bien qu'il se trouva avoir en peu de temps transformé son étroite boutique en vrai musée d'histoire naturelle. Puis, un objet en attirant un autre, et ses affaires allant assez bien (Rouault employait alors deux ouvriers), d'autres collections de médailles, de gravures, d'antiquités, etc., se formèrent peu à peu, et nécessitèrent bientôt l'agrandissement d'un local où les clients ne trouvaient pas très-commode de s'asseoir sur des minéraux en guise de chaises.

Ce fut pourtant dans cette humble boutique que vinrent le visiter plusieurs professeurs des écoles de Rennes, qui prenaient un vif intérêt à ce modeste ouvrier, qui employait d'une façon aussi intelligente ses loisirs et ses épargnes.

Cette période est certainement, sinon la plus féconde, du moins la plus naïvement heureuse de la vie de Marie Rouault. Riche plutôt par la simplicité de ses goûts que par ses ressources, encore assez restreintes, pouvant se livrer sans remords à ses innocentes *manies* de collectionneur, il installa son musée plus au large dans un vaste grenier attenant à sa boutique, et se mit à orner le plus économiquement possible, mais avec un merveilleux instinct, ce pittoresque pandémonium, où gravures, médailles, végétaux, minéraux et visiteurs se trouvaient désormais à l'aise. Quant à lui, il s'y était à peine réservé un coin, où il dormait, enveloppé d'une vieille tapisserie.

Pourtant, au mois d'août 1836, se trouvant à la tête de quelques économies, Rouault se persuada qu'il avait absolument besoin d'aller à Paris se perfectionner dans l'art de la coiffure et s'approvisionner de marchandises relatives à sa profession. Il part donc et arrive. Mais, dès le premier jour, et sans préméditation aucune, il se trouva au Jardin-des-Plantes. On se figurera facilement son bonheur en face de ces collections si riches et si variées. Il s'y oublia si complètement, que les gardiens furent forcés de le mettre à la porte.

Le lendemain, Rouault, se rappelant le but de son voyage, se mit en route pour aller prendre langue chez les Gallabert et les Farina; mais le diable s'en mêla encore si bien, que notre perruquier passa toute sa journée à l'École des Mines. Puis, les naturalistes des quais le détournèrent une autre fois, ou plutôt tant d'autres fois encore, les jours se succédèrent et se ressemblèrent si bien, qu'au lieu d'un rasoir et d'un plat à barbe, Rouault se trouva avoir acheté un marteau et un sac, avec lesquels il se mit à explorer les terrains des environs de Paris.

Trois mois s'écoulèrent ainsi, trois mois d'oubli complet et de vagabondage fructueux. Le réveil en fut terrible. Une lettre de sa mère vint un jour apprendre au futur savant que l'anarchie la plus désolante régnait, à Rennes, dans la boutique qu'il avait confiée à ses garçons. Les clients, mécontentés, s'éloignaient un à un, et l'établissement, laissé si prospère, était à la veille d'une ruine complète, si l'œil du maître ne venait promptement y rétablir l'ordre.

Rouault était d'ailleurs lui-même à bout de ressources. Les 1,500 fr. qu'il avait emportés étaient dépensés en achats d'échantillons d'histoire naturelle; ses habits, sa montre, tout était au Mont-de-Piété. Il fallut bien s'en retourner :

Traînant l'aile et tirant le pied.

Le désastre était encore plus grand de près que de loin. La maison était chargée de dettes, la clientèle à peu près perdue, le propriétaire menaçant, les billets protestés chaque jour, et, pour comble de malheur, au moment où il avait le plus besoin de faire beaucoup de barbes, Rouault se trouva atteint d'un mal de doigt qui lui rendait son travail à peu près impossible.

Il faut avoir traversé de pareilles épreuves pour se figurer de quelles angoisses elles sont remplies, surtout pour qui s'y trouve jeté seul, en face de la malveillance et des jalousies de tous. Les confrères de Rouault, après s'être charitablement réjouis de la décadence de sa maison, ne virent pas sans inquiétude arriver, quelques jours après lui, trois caisses fort volumineuses confiées aux messageries. Elles devaient contenir, pensaient-ils, ces fameuses parfumeries destinées à donner de l'extension au commerce de leur rival, quand ce commerce existait, et pouvaient bien encore le relever de ses ruines. Aussi, de quels éclats de rires en fut saluée l'ouverture lorsqu'on en vit sortir... des cailloux et des coquillages. Cette fois, rivaux, amis, parents proclamèrent d'une seule voix, les uns avec une joie mal déguisée, les autres avec une tristesse plus ou moins sincère, que ce pauvre Rouault était décidément fou à lier, et parlèrent d'avertir la Faculté.

Le fou pourtant laissait dire. Il avait fait à Paris une découverte qui, en ouvrant des horizons nouveaux à sa vocation déjà très-réelle, quoique mal définie encore, lui donnait l'énergie de surmonter de bien autres obstacles.

En effet, le casier consacré au département d'Ille-et-Vilaine, dans la collection géologique de l'École des Mines, renfermait à peine quelques échantillons, et pourtant la richesse minéralogique de ce sol, si souvent exploré par lui, était pour Rouault une conviction. Or, il s'agissait de faire de cette conviction personnelle une certitude scientifique, et ce fut vers ce but qu'il tendit désormais, sans s'écarter jamais, si ardue qu'elle dût être, de la voie qui devait l'y conduire.

Pourtant, le plus pressé étant de ramener un peu d'ordre dans ses affaires, Rouault se mit bravement à l'œuvre. Les créanciers furent apaisés par des à-comptes ou des promesses; la clientèle, un moment dispersée, se reforma peu à peu, et par suite l'existence de chaque jour se trouva de nouveau assurée.

Alors, forcé de faire un choix entre son métier, chance probable, sinon de fortune, au moins d'aisance et de repos, et la science, perspective à près certaine de luttes et de misère, le jeune homme se décida sans hésiter pour la science.

En conséquence, voici comment il arrangea sa vie : perruquier le samedi et le dimanche, il redevenait géologue le reste de la semaine. Après avoir prélevé sur ses recettes la somme nécessaire à l'acquittement des frais généraux, il partait, le sac au dos, le marteau à la main, vivant avec cinq sous, et faisant de quinze à vingt lieues par jour; fouillant avec une ardeur infatigable les terrains dont Rennes est le centre, et agrandissant, à chaque voyage, autour de cette ville, sa spirale d'explorations.

Il mena pendant dix ans cette existence de fatigues, de privations, de combats incessants, mais aussi de joies austères. Qu'importait au courageux jeune homme d'être raillé, bafoué, menacé même par ses parents, ses amis, ses voisins, qui voulaient à toute force l'amener à *mettre un terme à ses folies;* que lui importait d'être pris, dans ses courses, grâce à son pauvre équipage, tantôt pour un vagabond, tantôt pour un faux-monnayeur ou un incendiaire, et traité en conséquence : ici repoussé et même traqué par les paysans; là, emmené par les gendarmes; couchant dans les granges, dans les bouges, et plus souvent encore à la belle étoile; il n'était pas de fatigues, de misères, de dangers, que ne compensât, et bien au-delà, la conquête du moindre échantillon nouveau à ajouter à une collection de jour en jour plus volumineuse.

Des recherches aussi patientes, couronnées de résultats aussi incontestables, ne pouvaient rester toujours ignorées. Lors de la création de la Faculté des Sciences de Rennes, les professeurs qui y furent nommés appréciaient si bien les aptitudes scientifiques du perruquier-géologue et l'importance de ses découvertes, que deux d'entre eux, MM. Morren et Dujardin, demandèrent qu'il leur fût adjoint comme préparateur de leurs cours.

Les amateurs commencèrent également à s'émouvoir et multiplièrent leurs visites chez le collectionneur — dans des vues plus ou moins désintéressées. Bien des propositions séduisantes lui furent faites alors, accompagnées de très-sages insinuations sur les difficultés sans nombre qu'il éprouverait à tirer seul parti de ses travaux.

Pour un homme qui ne mangeait de viande que deux fois par an, et qui, par économie, ne buvait que de l'eau, la tentation dut être bien forte quelquefois. Mais il avait la foi, et il résista.

Un jour, Rouault vit entrer dans sa boutique M. Geoffroy-Saint-Hilaire en personne. Après avoir admiré l'esprit de méthode instinctif qui avait présidé au classement de cette multitude d'objets, si patiemment rassemblés, le savant professeur dit à M. Morren, doyen de la Faculté des Sciences, un mot qui avait autant l'air d'une épigramme à l'adresse du corps officiel, assez pauvrement approvisionné, que d'un éloge au collectionneur inconnu :

— M. Rouault a de bien belles collections, et la Faculté a un bien beau local !

Le moment approchait pourtant où le hasard allait faire sortir de son isolement l'infatigable travailleur. Après avoir longtemps procédé à peu près par routine et sans donner à ses recherches aucune base scientifique, l'idée lui vint un jour de contrôler par la théorie les résultats pratiques obtenus. Il alla donc chercher à la bibliothèque de la ville le *Manuel Géologique* de Henry de La Bèche. Sur sa demande d'emporter le volume pour étudier plus à l'aise, le bibliothécaire lui objecta qu'il ne pouvait le lui permettre que sur une autorisation du maire. Rouault s'en alla tout droit à l'Hôtel-de-Ville, rencontra le magistrat municipal à la porte et lui exposa sa requête.

Surpris d'une demande de cette nature, présentée par un garçon en blouse et en casquette, M. Pongérard fit entrer Rouault dans son cabinet, et le soumit à un interrogatoire en règle sur la nature et surtout sur le but d'études tellement en dehors de sa profession. Le jeune homme expliqua alors au fonctionnaire comment la maigre place accordée jusque-là à la Bretagne, dans les nomenclatures et les collections géologiques officielles, était une injustice qu'il avait entrepris et qu'il était déjà à même de constater.

Après trois heures de conférences, M. Pongérard congédia Rouault en prenant son adresse et en lui annonçant qu'il le ferait appeler prochainement. Quelques jours après, il était, en effet, mandé à l'Hôtel-de-Ville et introduit immédiatement auprès de M. Pongérard, qui lui remit un exemplaire du *Manuel Géologique* de Henry de La Bèche, sur la première page duquel était inscrite la dédicace suivante : *Témoignage d'intérêt offert à Monsieur Rouault par le maire de Rennes, 3 août 1845. — Em. Pongérard.*

Cette délicate attention eut un pendant d'une toute autre nature. Un savant, après avoir démontré à Rouault l'inutilité des efforts qu'il pourrait tenter pour faire connaître par lui-même ses découvertes, lui demanda la cession de ses collection, moyennant dédommagement. Rouault refusa encore, aimant mieux reprendre à ses risques et périls ses études que d'en abandonner les résultats.

Mais les privations, les fatigues, les déboires finirent par épuiser, si énergiques qu'ils fussent, ses forces et son courage. Rouault tomba malade. D'un autre côté, des avis reçus des carrières explorées par lui l'avertissaient que d'autres étaient sur les traces de ses découvertes. Menacé de s'en voir enlever le mérite, il se mit à écrire, et dans un Mémoire rédigé en dehors de toute terminologie scientifique, il résuma les résultats déjà obtenus et les immenses conséquences qu'il prétendait en tirer.

Ce Mémoire, adressé à M. Dujardin, alors à Paris, fut communiqué par ce professeur à la Société Philomatique. Quelque temps après, Rouault, en entrant à la Faculté des Sciences, fut interpellé par un appariteur qui, en lui montrant une brochure, le félicita sur ses succès. N'y comprenant rien, Rouault s'empara du journal, qui portait pour titre l'*Institut,* et y trouva, cités avec éloge, des extraits de son Mémoire. Ivre de joie, il courut à l'Hôtel-de-Ville, et, la feuille à la main, il se précipita dans le cabinet du maire en s'écriant : Voici toujours le commencement!

La joie fut courte. Le président de la Société Géologique de Paris, à laquelle le travail du nouveau savant avait été communiqué, répondait en émettant des doutes et en disant qu'il fallait que M. Rouault abandonnât la propriété de ses découvertes (si découvertes il y avait) à des personnes qui fussent à même de les mettre en lumière. Rouault s'obstina dans son refus; mais cette dernière déception lui enleva sa dernière parcelle d'espérance, et, au moment où il touchait au but, il se laissa aller au découragement.

Ici, nous laisserons M. Rouault nous raconter lui-même son salut, en transcrivant quelques passages d'un Mémoire adressé par lui au Maire de Rennes, en février 1853 :

« Telle était alors ma situation, Monsieur le Maire. Très-souffrant, au sein de l'hiver, manquant de tout, n'ayant pas même l'espoir de sauver le résultat de mes travaux si chèrement payés par tant de peines et de fatigues, je me demandais comment vaincre tant d'obstacles, lorsqu'un jour, en proie à cette triste pensée, j'entendis frapper à ma porte. J'invite à ouvrir. Une personne entre, qui fut pour moi l'ange du salut : c'était M. le général de Tournemine.

« — Monsieur, me dit-il avec un air d'intérêt marqué et avec une figure souriante où se peignait l'expression d'une bonté toute paternelle, qui bientôt lui eut acquis toute ma confiance, j'ai entendu parler de vous et de vos découvertes; j'ai appris en même temps l'embarras de votre position, et viens vous offrir tous les moyens en mon pouvoir pour vous aider à en sortir. Il faut que vous puissiez tirer parti des recherches qui vous ont tant coûté, et dont il serait regrettable de vous voir perdre le fruit. » Puis, s'asseyant près de moi, il me fit lui raconter toute ma vie, et me demanda ensuite ce que je comptais faire et devenir.

« Lorsque j'eus fini de parler, il approuva hautement mon désir de mieux faire connaître mon pays; puis, se reprenant : — Mais comment ferez-vous, me dit-il, car avant tout il faut vivre? Qu'espérez-vous faire? — Je n'en sais plus rien, lui dis-je. — Eh bien! c'est là ce qu'il s'agit de savoir, répliqua M. de Tournemine, qui se ravisa soudain à la vue d'un méchant pistolet jeté dans un tas de ferrailles à l'un des coins de ma chambre. Que faites-vous, me dit-il, de ce pistolet? — Vous le voyez, Monsieur. — Je fais collection d'armes, ajouta le général en le regardant avec un sourire imperceptible, et j'estime celui-ci 50 fr.; voulez-vous me le donner pour ce prix? — Mais, Monsieur, il ne vaut pas 50 cent.! — Puisque je lui trouve cette valeur, dit M. de Tournemine en essayant de m'en démontrer l'origine toute fabuleuse. Et le mettant dans sa poche, il déposa dix pièces de cinq francs sur ma commode.

« Lorsqu'il me quitta, il m'assura qu'il viendrait me revoir, et il me fit lui promettre de ne rien faire dorénavant sans l'avoir consulté. »

M. de Tournemine alla immédiatement trouver M. le maire de Rennes, et sur le rapport de celui-ci, le Conseil Municipal vota à l'unanimité une allocation qui permît à M. Rouault d'aller lui-même faire connaître ses travaux à Paris.

Nous rendons encore la parole à M. Rouault :

« Nommé membre du Comité d'Artillerie, M. de Tournemine me devança dans la capitale, et pour mieux préparer le champ où tout joyeux j'allais m'élancer, ignorant combien d'autres ont cédé aux obstacles nombreux qui s'y rencontrent, le général m'avait demandé par écrit le résumé de ma vie et le sommaire de mes recherches.

« Il les faisait connaître à l'avance partout où son récit

pouvait m'être utile; si bien qu'arrivé à Paris, où je manquais de toutes relations, je n'étais plus un étranger pour les personnes avec qui j'allais me rencontrer.

« M. de Tournemine me patronna. Il me conduisit partout. Au château des Tuileries, il me remit entre les mains de M. de Berthois, alors aide-de-camp du roi. Les marques d'intérêt que j'en reçus témoignaient autant des qualités de son cœur que des vives recommandations qui m'avaient précédé.

« C'est à lui que je dois rapporter l'accueil si bienveillant que me fit M. de Salvandy, alors ministre de l'instruction publique, et les preuves de haute estime dont il voulut bien m'honorer.

« Dans le monde savant, les soins de M. de Tournemine ne furent pas moins empressés. A l'Académie, à la Société Géologique de France, partout où je devais nouer des rélations, il m'accompagnait lui-même, ne me quittant que lorsque son appui ne m'était plus nécessaire.

« Un jour surtout, jour qui ne sortira point de ma mémoire, tant j'y éprouvai de bonheur! M. de Tournemine, guidé par cette pensée que, pour m'être plus sûrement utile, il lui fallait de plus puissants auxiliaires, me conduisit à l'Observatoire, où il m'avait annoncé déjà avant mon arrivée à Paris.

« Je tremblais à l'idée de me trouver en présence de cette renommée si grande qu'elle remplit tout l'univers, et pourtant que n'aurais-je pas donné pour pouvoir dire : J'ai vu M. Arago, je lui ai parlé!

« Enfin, nous arrivâmes, et lorsque nous fûmes en présence de l'illustre astronome, j'eus peine à revenir de mon étonnement. Comment, me disais-je, tant de gloire et de science peuvent-elles exister sous des apparences aussi simples et s'accorder avec des formes si bienveillantes? Ce ne fut pas sans quelque surprise que je me sentis près de lui si parfaitement tranquille et maître de toutes mes pensées. Je le devais à un seul de ses regards, qui avait suffi pour me rassurer, car son œil est aussi bien fait pour inspirer de la hardiesse, même au plus timide, que pour intimider le plus hardi.

« — Merci, général, dit l'illustre savant, merci d'avoir pris la peine d'accompagner monsieur jusqu'ici. C'est lui, sans doute, dont vous m'avez parlé, qui est perruquier à Rennes et qui s'est dévoué à la géologie. Je l'en félicite, ainsi que de vous avoir rencontré ; car ce n'est pas une chose commune pour l'intelligence de trouver une main qui veuille bien l'aider à sortir des conditions difficiles où souvent elle se montre, où tout ce qu'elle pourrait produire est autant de perdu.

« Puis, quand nous fûmes assis, M. de Tournemine se plut à lui raconter avec les plus grands détails toute ma vie et toutes mes peines, les résultats que j'avais obtenus, et surtout l'état dans lequel il m'avait trouvé.

« Oh ! c'est alors, Monsieur le Maire, que j'éprouvai une de ces émotions qu'on ne peut définir en voyant le grand cœur de cette sublime intelligence s'attendrir au seul récit de mes misères. Puis il dit à M. de Tournemine : « Comment ! personne ne s'est trouvé là pour le soutenir et l'encourager ! Sans vous, général, c'en était fait de tout ce qu'il a découvert avec tant de peines ! Tant d'efforts seraient donc restés inutiles !

« — D'après ce que je vois, me dit M. Arago, vous tendez à démontrer que la Bretagne est un pays bien intéressant au point de vue géologique. — Et comme j'en parlais avec effusion, il reprit : — Vous paraissez bien l'aimer, votre Bretagne ? — Il ressemble à tous les Bretons, répliqua M. de Tournemine ; pour eux, rien au-dessus de leur pays. — C'est vrai, dit le savant astronome, c'est un bel exemple qu'il serait heureux de voir suivre partout... Avez-vous fait un Mémoire pour résumer vos découvertes ? me demanda-t-il. — Oui, monsieur. — Mais, puisque vous n'avez pas eu de maîtres, comment avez-vous fait pour accorder dans cette rédaction vos idées avec les règles de langue?

« M. de Tournemine prit la parole, fit observer d'abord que j'avais appris seul à écrire. C'était seulement depuis qu'il me connaissait qu'il m'avait donné des conseils, et lorsque mon Mémoire venait d'être achevé, il l'avait revu.

« — Je n'ai point la prétention d'être un savant, continua le général; c'est pour cela que je n'ai pas voulu y mettre du mien. J'ai pensé qu'il valait mieux laisser à son style toute sa couleur originale, et je me suis contenté seulement de corriger les fautes de français.

« — Oh! alors, reprit M. Arago, c'est tout ce qu'il en faut; et, se tournant vers moi : Venez, me dit-il, me trouver au secrétariat de l'Académie, une demi-heure avant la séance; je vous ferai inscrire pour que vous fassiez lecture de votre Mémoire. Puis, nous quittant, il remercia de nouveau M. de Tournemine, en lui disant que la science et le pays de Bretagne lui sauraient gré des peines qu'il s'était données pour elles.

« A quelques jours de là, M. de Tournemine et moi nous arrivions à l'Institut. Pendant qu'il se dirigeait vers la salle des séances, j'allais retrouver M. Arago au secrétariat de l'Académie. Je fus bientôt inscrit sur l'ordre du jour par les soins de mon auguste protecteur. Quand je le quittai pour retourner auprès du général, il me recommanda de prêter attention lorsque je m'entendrais nommer.

« Vous dire, Monsieur le Maire, comme mon cœur battait jusqu'au moment terrible où, pour la première fois, mon nom allait retentir dans cette enceinte, où, devant le corps le plus savant du monde, j'allais, sans autre expérience que la mienne, acquise dans un complet isolement, entreprendre la défense du vieux sol armoricain, ce serait chose impossible.

« Tout ce que je me rappelle, c'est que le général était près de moi, que son oreille n'était pas moins attentive que la mienne, et que, quand le président m'eut appelé pour donner lecture de mon Mémoire, son œil, qui ne me quittait pas, eut assez d'éloquence pour me donner tout le courage dont j'avais besoin.

« Arrivé au milieu de l'assemblée, l'extrême bienveillance de M. Arago acheva de bannir mes craintes ; d'une voix assurée, je commençai, je finis ma lecture. Puis, remettant mon Mémoire au président, qui l'accueillit d'un air de satisfaction, j'allai reprendre ma place. Mais tout n'était pas dit.

« M. Arago prit la parole en appelant l'attention de l'Académie sur moi. Il raconta ma vie avec détails, insista en particulier sur les moyens si précaires, qui pourtant avaient suffi à mes découvertes.

« Un simple fait prouve tout l'intérêt qu'il mit à ce récit et l'attention constante dont cette illustre Assemblée daigna m'honorer. Pendant les huit jours qui suivirent, mon humble mansarde de la rue Saint-Germain-des-Prés ne désemplit pas de savants visiteurs.

« Tout ce que l'Académie, le Jardin-des-Plantes, l'École des Mines, l'École Normale, etc., ont de plus célèbre, s'y donna rendez-vous. Chacun de ces messieurs se plut, en me félicitant de mes découvertes, à observer d'un œil d'admiration ces produits que pour la première fois je venais de signaler, tous prouvant la richesse et préconisant déjà l'avenir scientifique de notre chère Bretagne.

« Je rencontrai en eux de bien vives sympathies. Tous à l'envi m'en donnèrent d'honorables témoignages, et le rapport qui fut fait sur mon Mémoire, et approuvé de l'Académie, en est une preuve bien éclatante.

« De toutes parts, on exprima le désir de me voir poursuivre mes études. L'Académie même, dans une apostille des plus chaleureuses, manifesta ce vœu auprès du ministre de l'instruction publique. M. Arago, et en même temps M. de

Berthois, auquel la députation d'Ille-et-Vilaine voulut s'adjoindre, pressait M. de Salvandy de prendre une décision favorable à ce souhait partagé de tous. »

Reçu peu de temps après, et par acclamation, membre de la Société Géologique de France, le jeune savant voyait son Mémoire traduit et commenté de la façon la plus flatteuse à Londres, à New-York, à Berlin, à Prague, etc. Un second Mémoire, sur un fragment de fossile inconnu du Jardin-des-Plantes, recevait de l'Académie un accueil des plus favorables, et valait à son auteur un précieux encouragement du gouvernement anglais. L'administration du Muséum lui proposait en même temps une mission en Afrique, que l'intérêt de ses études spéciales sur la Bretagne l'empêchait seul d'accepter.

Mais si la science donne quelquefois de la gloire, elle oublie trop souvent les besoins moins élevés sans doute, mais beaucoup plus tyranniques du corps. Une année de séjour à Paris avait épuisé les ressources et le crédit du pauvre savant. Un secours de 300 fr., que M. de Tournemine avait demandé à l'insu de son protégé, et que le roi Louis-Philippe lui avait donné sur sa cassette, n'avait été qu'un insuffisant palliatif à sa détresse, et, au moment où M. Rouault se trouvait attirer l'attention du monde savant, il était menacé de mourir de faim dans sa mansarde, lorsque la ville de Rennes lui accorda une subvention annuelle, à titre de pensionnaire scientifique.

Le courageux explorateur avait enfin doublé le cap des tempêtes, et, sûr désormais du pain de chaque jour, il entra dans cette région des études sérieuses vers laquelle il avait si longtemps et si douloureusement aspiré.

Après avoir raconté cette vie de luttes héroïques et de patientes épreuves, qu'il nous soit permis de constater rapidement les résultats obtenus par M. Rouault. Ces résultats sont importants. Grâce à lui, la Bretagne, si longtemps et si injustement négligée par la science, est aujourd'hui une des mines les plus fécondes offertes aux études géologiques. Aux cinq ou six espèces de fossiles découvertes avant lui dans le seul département d'Ille-et-Vilaine, il en a ajouté *cinq ou six cents* autres, dont la présence et le genre d'association n'ont nécessité rien moins qu'une nouvelle classification des terrains anciens où ils se trouvent déposés. (*Bull. de la Société Géologique de France*, t. VII, p. 724, année 1850, et t. VIII, p. 358, année 1851.) Les deux étages particuliers, ou d'âges relatifs différents, que l'on avait cru jusqu'alors reconnaître dans ces terrains, se trouvent remplacés par quatre autres entièrement distincts.

Ce que de semblables découvertes ont exigé de courses, de recherches, de patience et aussi d'observation divinatrice, on pourra en juger par ce fait, que la reconstruction d'un seul animal inconnu de la classe des crustacés (*Trinucleus Pongerardi*), long de quatre ou cinq centimètres, a coûté à M. Rouault plus de deux années de travail, et a exigé la réunion de plus de deux mille fragments. Mais aussi la description qu'il en a donnée, quoique dans une langue encore ignorante des termes scientifiques, est restée la seule complète, et la figure qu'il y a jointe a été reproduite jusqu'à trois fois, sous trois rapports différents, dans le *Cours élémentaire de Paléontologie et de Géologie stratigraphique* de M. Alcide d'Orbigny.

Les mêmes facultés d'observation, et en quelque sorte d'intuition, se retrouvent dans la reconstruction d'un autre fossile de la même famille des trilobites (*Ogygia Brongiarti*). Un seul débris de cet animal, aujourd'hui disparu, existait en 1848 au Muséum. Plusieurs savants avaient, à diverses époques, essayé de retrouver la forme et les proportions de ce fossile, sans qu'aucune des solutions, qui d'ailleurs se contredisaient toutes entre elles, parût entièrement satisfaisante. Au moment où un Mémoire sur les trilobites de Bretagne venait d'attirer sur

M. Rouault l'attention des savants, il fut invité, par plusieurs membres de l'Institut et professeurs du Jardin-des-Plantes, à aborder à son tour le problème. Spontanément, il précisa la forme et les dimensions probables de l'animal, et lorsqu'on lui eut fait observer que ses conjectures étaient en opposition absolue avec toutes celles qui avaient été présentées jusque-là, dans un Mémoire, lu à l'Académie, il réfuta si bien les opinions adverses et justifia si victorieusement la sienne, que la Commission nommée pour l'examen de son travail fut forcée d'admettre ses conclusions, que vinrent du reste confirmer, deux ans plus tard, trois individus entiers de la même espèce, adressés à M. Rouault de trois points différents. (*Comptes rendus des séances de l'Académie*, t. XXVII, séance du 17 juillet 1848. — *Bull. de la Société Géologique de France*, t. VI, année 1848.)

L'étude des végétaux fossiles a donné occasion à M. Rouault de faire preuve de la même perspicacité, et a révélé à la science une flore toute nouvelle et spéciale à la Bretagne. (*Bull. de la Société Géologique de France*, 2ᵉ série, t. VII, année 1850.)

Aux personnes, trop nombreuses encore, qui contestent aux études géologiques l'utilité pratique, M. Rouault donna un éclatant démenti, tout en rendant un signalé service à la ville qui l'avait si généreusement adopté. Un forage, pratiqué à Rennes par un particulier, dans son puits, ayant dégagé une source retenue jusque-là par un accident de terrain, quelques personnes crurent pouvoir en conclure que des travaux semblables, entrepris sur une plus vaste échelle, pourraient faire obtenir à Rennes, dépourvue d'eau potable, des fontaines jaillissantes.

M. Mulot, entrepreneur du puits de Grenelle, et un autre homme spécial, consultés à ce sujet, se déclarèrent, après examen des terrains, pour l'affirmative, et l'administration, vivement sollicitée, allait se lancer dans une entreprise très-coûteuse, lorsque M. Rouault, revenant de Paris, demanda instamment à M. le Maire de Rennes un ajournement, et, dans un Mémoire d'une extrême lucidité, prouva péremptoirement, par la comparaison des terrains entre eux, et par la nature spéciale de ceux de Bretagne, l'inutilité de toutes les tentatives qui pourraient être faites pour obtenir à Rennes de l'eau jaillissante au moyen de puits artésiens.

Les conclusions de cette notice furent adoptées par l'Académie des Sciences et la Société Géologique de France, auxquelles elle avait été communiquée, et la ville de Rennes renonça à une entreprise qui avait menacé de la lancer sans résultat dans des dépenses considérables.

Des succès aussi nombreux et aussi féconds engagèrent la ville de Rennes à créer, en 1853, un Muséum Géologique, spécial surtout au sol des départements de l'Ouest (le seul établissement de ce genre qui existe en France), et la position acquise par M. Rouault dans la science le désigna naturellement pour le diriger. En échange de cette nouvelle faveur, celui-ci fit don à la ville de la précieuse collection si patiemment formée par lui, et c'est elle qui forme la base de l'établissement dont M. Rouault est aujourd'hui le directeur.

En présence de faits pareils, l'approbation reste indécise, ou plutôt se partage entre la cité qui adopte et encourage ainsi le mérite de ses enfants, et l'enfant du peuple qui, à travers les obstacles de toute nature, répond aussi dignement à la confiance de ses concitoyens, et l'on est heureux de n'avoir, de part et d'autre, qu'à applaudir.

(Extrait de la *Sylphide*, 30 août 1861.)

RENNES. — IMP. DE CH. CATEL ET Cⁱᵉ.